AF227008

DISCOURS

PRONONCÉ

A L'ANNIVERSAIRE DU COURONNEMENT

DE SA

MAJESTÉ IMPÉRIALE,

ET DE LA

BATAILLE D'AUSTERLITZ,

EN L'ÉGLISE NEUVE DES PROTESTANS DE LA CONFESSION
D'AUGSBOURG A STRASBOURG,
LE 6 DÉCEMBRE 1807,
PAR

JEAN LAURENT BLESSIG,

PROFESSEUR EN THÉOL. ET MEMBRE ECCLÉS. DU DIRECTOIRE DE LA
CONFESSION D'AUGSBOURG.

TRADUIT DE L'ALLEMAND, ET IMPRIMÉ PAR ORDRE
DU DIRECTOIRE.

A STRASBOURG,
imprimé par JEAN-HENRI HEITZ, imprimeur du Directoire
et de l'Académie.
1 8 0 8.

EXTRAIT

de la Lettre circulaire du Directoire,

lue au Service du XXV. Trinit.

Dans les Eglises du ressort du Consistoire général du Haut- et Bas-Rhin.

Nous vous annonçons, chers Frères, pour le second Dimanche de l'Avent, la Fête du couronnement de NAPOLÉON et de l'affermissement de son trône par les brillantes victoires d'Austerlitz, d'Iena, d'Eyland et de Friedland. Lorsque notre Monarque se préparoit à la guerre, qui lui avoit été suscitée, nous lui adressâmes ce chant de guerre:

,, Ceins ton épée à tes côtés, magnanime Héros! revêts-
,, toi de tes ornemens, et prospère dans ta magnificence! etc."
Et il prospéra. ,, Ses flèches sont aiguës, et les peuples
,, tombent devant lui, au milieu des ennemis du Roi."

Psaume 45, 4—6.

Aujourd'hui que notre Monarque, puissant et couvert de gloire, est rentré dans notre patrie, offrons à Dieu l'hommage de notre pieuse reconnoissance, et méditons cette prière qu'adressa un autre monarque dans des circonstances semblables à l'Eternel.

4

Sois béni, ô Éternel! à jamais!

C'est à toi qu'appartiennent la majesté, la puissance,

La gloire, la victoire, la reconnoissance.

Car tout ce qui est aux cieux et sur la terre, est à toi.

A toi est l'empire; tu est supérieur à ceux, qui sont les
plus élevés.

A toi est la richesse, à toi est l'honneur!

Tu domines sur toutes choses.

La force et la puissance sont dans ta main.

Ta main donne la grandeur à l'homme; et c'est elle, qui la
lui conserve.

Nous te remercions donc, ô Eternel!

Et nous célébrons ton nom glorieux.
1 Chron. 29, 10—13.

CHERS AUDITEURS!

Quel moment solemnel et plein de majesté ; celui où
David le plus puissant et le plus vertueux de tous les Rois
d'Israël, paraissant pour la dernière fois devant les chefs de
sa nation , ajouta un nouveau lustre à son règne par deux
décrets également remarquables , l'un qui annonçoit la
construction du temple de Jérusalem , l'autre qui désignoit
son successeur! Couvert de lauriers par des victoires , qui
avoient reculé les frontières de ses États jusqu'à l'Euphrate, et
des bénédictions de son peuple, auquel il avoit rendu le repos,
en étouffant les factions, et en les empêchant de renaître, par
des loix sages et bienfaisantes. » Ecoute, mon peuple, dit-il ,
je te parle à la face de l'Éternel. Observe toujours ses com-
mandemens ; et tu goûteras le bonheur dans ce bon pays,
qui t'est tombé en partage. Et toi , SALOMON , mon fils , sers
le Dieu de ton père avec un cœur droit ; car Dieu sonde

les cœurs. Maintenant, continue-t-il, qui d'entre vous est disposé à offrir des dons volontaires, pour faire éléver sur cette colline un temple en l'honneur de l'Eternel, le Dieu du ciel et de la terre, et le protecteur d'Israël? Voici mon offrande." „ Et voici la mienne" s'écria dans tous les rangs de l'assemblée chacun des Israëlites. Un saint enthousiasme s'empara de tous ceux, qui étoient présents; il s'empara le plus vivement du premier de tous, du Monarque qui se vit entouré de tant d'enfans satisfaits. Son cœur fut ému, et „sois béni, ô Eternel!" s'écria-t-il à haute voix, sois béni à jamais! C'est à toi, qu'appartiennent la Majesté et la Puissance et la Gloire et la Victoire, etc."

Chrétiens, qui êtes assemblés aujourd'hui devant le Seigneur, pour célébrer la Fête, qui nous rappelle le couronnement de notre Monarque! Puissé-je donner à cette grande pensée du Roi DAVID un développement convenable, qui enflamme vos esprits, en vous parlant dans la première partie de mon discours du couronnement de notre Monarque et de l'affermissement de son trône, et dans la seconde des sentimens chrétiens, que cette auguste Fête doit faire naître dans nos cœurs! Puissé-je en parler assez dignement pour que dans un enthousiasme de piété et de reconnoissance vous vous écriez tous avec moi : Honneur au Prince! Salut au peuple! Adoration à l'Eternel!

PREMIÈRE PARTIE.

Il est dans nos langues de ces mots fertiles, qui renferment, pour ainsi dire, des séries entières d'idées, des masses de sentimens, d'effets et d'espérances ; tels sont ceux de patrie, de guerre, de paix, de gouvernement ; tel est encore celui d'avénement au trône. Est-il un homme, en état de calculer tout cet immense concours des choses et des hommes, tous ces phénomènes, qui préparent les résultats qu'amène pour les générations présentes et futures, un avénement au trône ! Mais une émotion bien plus profonde encore, s'empare de nous, en jettant nos regards sur le trône de NAPOLÉON. Avec quel étonnement et quel ravissement nous nous sentons les témoins des plus mémorables révolutions de l'ancien monde ! Nous voyons paroître devant nous ces maîtres du monde, dont parle l'Écriture, les SÉSOSTRIS, les CYRUS ; nous devenons les contemporains du CÉSAR des Romains, et du CÉSAR des Français, de ce magnanime Chef des Carlovingiens, et de tous ces fondateurs des empires les plus puissans, de ces hommes extraordinaires, qui par la force de leur esprit, autant que par la valeur de leurs armes, changent la face de la terre. Et lorsque, retrogradant vers les jours où nous vivons, nos regards se portent sur notre patrie, sur nos voisins, et sur les peuples les plus éloignés ;

n'est-ce-pas encore NAPOLÉON que nous voyons, comme l'aigle son symbole, planer au-dessus de tout ce qui nous entoure? Quoiqu'accoutumés de nos jours à voir des événemens extraordinaires se succéder si rapidement, s'engloutir, pour ainsi dire, les uns après les autres, comme les flots de la mer; NAPOLÉON montant au trône, nous en présente un si imposant, et d'une nature si élevée, qu'il semble, que la providence ait voulu lui donner le trône du monde, en le rendant l'arbitre des destinées des états. Les merveilles de son règne seront l'objet de l'admiration de tous les âges et de tous les peuples, comme elles sont pour nous celui de la reconnoissance la plus vive et la plus juste. Le couronnement de NAPOLÉON n'a-t-il pas terminé toutes nos discordes civiles? N'est-ce-pas depuis cette glorieuse époque, que la plus grande des nations, gouvernée par le plus grand des Monarques, est sortie de cet abîme de calamités, où l'avoient si longtemps plongée les factions, qu'elle a recouvré le bonheur avec le retour de l'ordre, et s'est placée au premier rang politique, dont son chef a sçu la rendre digne?

Et quel moyen a employé NAPOLÉON, pour produire ces effets étonnans et salutaires, appellés par nos vœux, mais auxquels, comprimés encore par la terreur, nous osions

à peine

à peine croire nous-mêmes, il n'y a que peu d'années? C'est à un gouvernement éclairé et fort, que nous devons de si grands bienfaits. Ce mot, mes Frères! se prononce souvent bien légèrement; mais analysez cette expression. C'est un chêne dont l'œil ordinaire suit en vain tous les canaux vivifians, toutes les ramifications depuis sa cîme jusqu'à sa racine, pour connoître tout ce qu'il embrasse, et tout ce qu'il produit. Je vois le Magistrat accablé souvent par les parties multipliées de son administration; j'entends le père de famille gémir quelquefois sous le fardeau de ses soins domestiques. Mais élevons-nous, s'il nous est possible, du poste inférieur que nous occupons, jusqu'à la hauteur immense, et la vaste étendue d'un gouvernement, qui trace leur route à cette multitude d'habitans agités par des intérêts divers; qui par mille soins prépare la prospérité publique, qui embrasse d'un même coup-d'œil les tribunaux, les administrations, l'éducation religieuse et litéraire, l'agriculture, l'industrie, le commerce, les progrès des sciences, et la gloire des arts. C'est à la voix du Gouvernement que du chaos le plus informe sort un monde nouveau, que disparoissent les ombres; que toutes les parties se prêtent un mutuel appui; que la terre et l'océan lui portent leur tribut, malgré tous les obstacles qui sans cesse lui opposent, et des ennemis extérieurs, et les passions et les préjugés de ses

ses propres enfans. Qui de nous ne se sent pas anéanti, lorsqu'il observe les travaux du Gouvernement, tel que l'a fondé NAPOLÉON? Son avénement au trône est un des plus grands événemens de l'histoire des hommes.

L'affermissement de son trône inspire une plus haute admiration encore. Par quels moyens l'affermit-il? Au-dehors c'est par des exploits et par des triomphes, dont nous cher- cherions en vain des exemples dans les annales du monde, soit que nous observions la rapidité de ses marches, soit que nous considérions le nombre, l'éclat et les suites incal- culables des ses victoires. Les journées de NAPOLÉON sont comme autant d'arrêts suprêmes, qui décident des li- mites, du rang et de l'existence même des empires. Aujour- d'hui nous célébrons l'anniversaire du triomphe remporté à Austerlitz. Il fut important et glorieux ; mais ne semble-t-il pas être déjà rentré dans les fastes des siècles passés, avec les triomphes de Lodi, des Pyramides de Nazaret, et de Marengo, pour faire place à ceux de la Saale, de la Vistule, du Bog, et de la Tilsit ? C'est pour la quatrième fois, que nos légions repoussent les forces réunies de tant de peuples, et qu'elles couvrent de leur égide nos frontières. Non con- tentes de tant de lauriers, elles unissent encore leurs aigles aux aigles des nations les plus éloignées, et s'élancent avec elles dans des régions que n'atteignirent jamais les phalanges françaises. De nos jours ces phalanges couvrirent le Nil. Ne pourroient-elles pas, de nos jours encore, déployer leurs étendards victorieux jusque sur ces champs de bataille qu'immortalisèrent CYRUS et ALEXANDRE?

Mais rentrons dans nos foyers, pour contempler les moyens, par lesquels NAPOLÉON affermit l'empire dans l'intérieur même. Du fond de ses camps, au milieu des périls et des travaux qui l'entourent chez les Sarmates, il jette un regard vivifiant sur les arts bienfaisans de la paix. Il les protège jusque dans les moindres germes de leurs développemens. Il provoque les découvertes, et encourage l'industrie. Le fabricant et le savant trouvent en lui un juge et un rémunérateur. Il n'est ni accablé par l'ensemble, ni distrait par tant de détails, qui, de tous les points de la monarchie entière, se pressent sous son regard. Ne l'entendîmes-nous pas développer les apperçus les plus frappans sur les sources de prospérité de notre cité, et sur nos administrations civile et religieuse avec la même précision, la même connoissance approfondie des localités, qu'admirèrent en lui et Lyon, et Mayence, et Milan, et Vienne, et Berlin, et Varsovie! Ses discours, ses audiences ne remplissent-elles pas d'étonnement les Jurisconsultes les plus consommés, les Physiciens, les Chymistes les plus profonds? Et ce même chef infatigable, ne se fait-il pas rendre compte des talens, du caractère, des services rendus de tous ceux, qui sont revêtus d'un emploi public ? C'est bien réellement lui qui nomme aux emplois, et par-là même il leur imprime un caractère de dignité et de confiance, qui en fait autant de délégations émanées immédiatement du trône. Il se multiplie sans s'affoiblir ; et comme les conducteurs de quadriges triomphaux de l'antiquité, il sait mener de front toute cette immensité de talens, de forces et de passions, infiniment plus difficiles à contenir et à diriger que leurs coursiers indomptables. Présent à tout, il donne l'impulsion à tous les ressorts. A sa voix s'ouvrent de nouvelles routes, des canaux sont creusés, des marais sont desséchés, des cités sont embellies ; par lui sont créées des écoles florissantes de tout genre et de tout grade ; par lui s'élévent majestueuse-ment le Panthéon des sciences, et ce boulevard tutélaire des citoyens, la table sacrée des loix. Pourrois-je oublier, aujourd'hui, que j'exerce librement dans ce temple mon ministère, que c'est par lui encore, que la conscience jouit de ses droits ; que c'est lui qui nous garantit, et qui protège ce que nous avons de plus cher et de plus sacré ? Fidèles ! bannissez donc toute crainte ; Eloignez la discorde. Ne de-mandez rien, et ne redoutez rien d'exclusif. En matière de religion tout privilège seroit une vexation. La religion repose sur la justice, et notre Monarque la distribue également à tous. Il hait toute violence religieuse, quelqu'en soit le motif. NAPOLÉON fonde son trône sur la bonne intelligence, sur le support et les services mutuels de tous les peuples, qui composent son vaste empire.

L'affermissement du trône de notre Monarque, comme son avènement, offre une ample matière de méditations à notre esprit. Quels sont les sentimens, que de si grands événemens doivent faire naître dans nos cœurs ? C'est le sujet de la seconde partie de ce discours.

SECONDE PARTIE.

MES CHÈRS FRÈRES !

L'homme qui dans le cours paisible de ses occupations particulières vit sans observer la liaison des évènemens les plus importans, et que cette observation n'a pas conduit à reconnoître un ordre de choses plus élévé, cet homme, resserré dans des limites, où rien ne parle à son esprit, ni à son cœur, ne voit dans tout ce qui arrive, qu'une série fortuite d'effets aveugles : son ame ne s'élance pas vers une cause première, qui donne à tout le mouvement et l'être, et dirige tout avec sagesse et bonté. Pour cet homme vraiment terrestre, l'avenir est, ainsi que le présent, et le passé, une chaîne pésante, dont tous les anneaux sont exactement joints ensemble, et dont le premier ne tient à rien. Pour lui le monde est un désert, toute joie est courte, et les dégouts sont sans cesse renaissans. Aigri par l'expérience, la crainte marche toujours à ses côtés; il ne regarde la vie que comme un songe pénible et fugitif, un passage rapide sur cette terre, au-delà duquel il n'y a plus rien. Cette opinion désolante, triste fruit de l'ignorance et du désespoir, n'est point la vôtre, mes Frères! comme êtres pensans qui honorent leur nature, qui adorent une intelligence suprême, directrice de toutes choses, vous vous écriez avec une sainte ardeur : Oui, *une main invisible et puissante préside d'en haut à nos destinées!* C'est elle, qui gouverne ce monde; c'est elle qui dans sa bienfaisante sagesse nous envoye les épreuves pour nous épurer, et à leur suite cette pure joie qui est comme l'avant-goût du bonheur éternel qu'elle nous destine. Eh! qui seroit assez insensé et à la fois assez malheureux pour défendre tout accès dans son ame à une si douce et si nécessaire persuasion? Toutes les parties de la création, tous les règnes de la nature, ne montrent-ils pas une gradation constante qui, par mille affinités, et par la plus admirable échelle, lie les objets que leur petitesse dérobe à l'œil, à tout ce qu'il y a de plus développé et de plus majestueux? Les épis, qui nous nourrissent, ne doivent pas leur accroissement uniquement aux instrumens et à la sueur du laboureur, mais encore à la rosée du ciel, au degré de chaleur des rayons du soleil, et enfin à un concours de circonstances, dont aucune ne doit manquer, et dont en effet aucune ne manque. Qui a fixé à notre terre la distance où elle doit se tenir du soleil? qui lui a donné cette inclinaison nécessaire pour produire le changement des saisons, la richesse des productions, et la variété des jouissances? Et si nous descendons dans nous-mêmes, qui a mis dans le cœur des parens ce courage qui les porte à se sacrifier pour leurs enfans? Qui fait couler ces larmes compatissantes à l'aspect de l'homme souffrant? D'où vient dans les grands événemens de la vie ce rapprochement des hommes de tout rang et de tout pays, qui avoient été si étrangers l'un à l'autre? Qui produit ces circonstances imprévues, certes bien indépendantes de nous, et souvent même contraires à nos vœux, lesquelles nous rendent riches en expériences, servent à développer nos facultés intellectuelles et morales, et ainsi nous acheminent à une place dans la société, où nous pouvons le mieux concourir au bonheur de nos semblables, et trouver le nôtre pour récompense. Tout cela n'engage-t-il pas chacun de nous à répéter avec allégresse : » Oui, *une main invisible et puissante préside d'en haut à nos destinées!* Elle atteint à tous les mondes ; elle descend jusqu'à notre terre, elle embrasse avec bonté chacun de ses habitans. Pour elle rien n'est grand, et notre admiration n'est qu'un aveu de notre impuissance : mais aussi pour elle rien n'est petit ; le moindre objet tient au plus grand ; tout appartient essentiellement à l'ensemble. Oui, mes Frères ! cette main divine et paternelle, ou ne dirige rien, ou c'est sous ses auspices que se déroule notre destinée toute entière. Nous sommes, parcequ'elle est : et l'homme qui se confie à elle, prospérera aussi long-temps que ce modérateur suprême aura des bénedictions à repandre.

C'est cette intime conviction qui aggrandit mon esprit et fait regner la paix dans mon cœur ; c'est là ce qui apporte un adoucissement à mes peines, et ce qui donne à mes espérances un appui inébranlable.

Ainsi fortifié, vivifié dans le sanctuaire de mon âme, je porte mes regards avec résignation sur la scène changeante du monde. Le plus terribles désastres de la nature peuvent bien me consterner, mais non m'abbattre. Je vois dans ces bouleversemens mêmes et dans ces ravages, des germes féconds de bienfaits pour l'avenir. Loin d'amener une dissolution totale ou permanente, ils font mouvoir mille ressorts qui nous étoient cachés. Ici, ils préparent la fertilité ; là ils ouvrent de nouvelles sources de prospérité en aiguisant l'industrie, en exerçant l'homme à combattre et à vaincre.

Vous

Vous le savez, mes Frères! les tempêtes les plus violentes dispersent au loin les germes les plus féconds et les plus précieux! Oui, toûjours et par-tout les forces conservatrices l'emportent sur la déstruction; et ce qui au premier aspect, vous afflige et vous confond, amène ensuite par sa commotion même, des résultats aussi bienfaisans qu'inopinés. Ne voyons-nous pas des hommes qui d'abord s'entre-déchiroient avec acharnement, lassés enfin de se combattre, déposer avec les armes leurs préjugés mutuels, leurs haines récentes ou invétérées, prendre des sentimens de frères, se communiquer leurs connoissances réciproques, hâter par-là les progrès des lumières, et resserrer les nœuds de la grande famille humaine? Ces grandes commotions politiques, semblables à un volcan enflammé, se présentent sous un appareil formidable; mais rendus au calme, c'est alors que les hommes en recüeillent les bienfaits. Oui, mes Frères! dans le gouvernement des états, dans le régime intérieur de toute espèce de corps et de société, il se rencontre des abus enracinés, des playes anciennes et profondes, auxquelles sans doute on pourroit porter remède, sans ces agitations, qui troublent et renversent tout. Les hommes sages et impartiaux élevent leur voix; mais ils ne sont point écoutés; l'expérience de tous les siècles atteste hautement, que ceux qui profitent des abus, en deviennent rarement les réformateurs. Il faut pour les redresser la force impérieuse de circonstances toutes extraordinaires, qui ellesmêmes engendrent souvent des abus et des excès opposés, jusqu'à ce qu'enfin la sagesse, unie à la force, vienne ouvrir la véritable voie du bonheur public et particulier, retremper les ames, et faire servir au perfectionnement de l'ordre social les fautes, et les calamités passées. C'est ainsi que de ces convulsions l'humanité retire de grandes leçons et de grands exemples. Elle en retire encore d'autres bienfaits. Ce sont ces temps de tourmente, qui, en froissant l'homme de mille manières, non seulement lui montrent des ressources dans son esprit, qui lui étoient inconnues, mais qui disposent puissamment son cœur, à porter plus haut ses regards, à songer à un sol plus assuré, que le sable mouvant de la terre, et à fixer sa destinée toute entière. C'est après les coups redoublés de l'orage, qu'il sent mieux toutes les douceurs d'un ciel pur et serein. Profondément saisi de l'idée de cette surveillance universelle et invisible, dont la marche majestueuse conduit toûjours à des résultats heureux, il s'élève au-dessus de la poussière qui l'entoure, et dans l'admiration que lui inspirent la chaine et l'issue des évènemens, avec quelle douce satisfaction il se sent forcé de dire avec DAVID dans mon texte : ,, Sois béni, ô Éternel ! c'est à toi, qu'appartiennent la majesté, la victoire, la reconnoissance. Ta main donne la grandeur à l'homme, c'est elle aussi qui la lui conserve."

Alors dans de telles dispositions , notre soumission aux puissances supérieures, est bien sincère ; car nous savons qu'il n'y a point de puissance qui ne vienne de Dieu;" alors nos hommages purs , entiers , inaltérables, vont entourer le trône de notre Souverain : Nous révérons dans son élévation la main puissante du maître du monde, que David peint avec ce trait si expressif ; ,, Tu ès supérieur à ceux, qui sont les plus élévés!"

Puique donc le trône et la cabane, sont également dans la main du Tout-Puissant, et que sans lui aucun sceptre ne brille, comme sans lui il ne tombe pas un passerau en terre; Chrétiens! que le sujet honore son souverain, qui l'est par la main de Dieu! que le souverain et le sujet adorent ce Dieu qui les a faits tous deux ce qu'ils sont! que l'univers entier honore et pratique cette doctrine divine, cette religion de l'Evangile , source de bénedictions ouverte à tous les hommes sans distinction de confessions! Le sceau majestueux de cette religion assure la prospérité des états; sa sainte efficace est le moyen d'ennoblir les grands et les petits , et de les unir par les liens de la fraternité. Elle est la compagne fidèle du foible mortel sur la scène fugitive de cette vie , où il lutte un instant pour disparoître bientôt;

elle lui apparoît à sa dernière heure : remplie de ses consolations célestes, l'ame qui se détache de ses langes , trouve en elle la force, de terminer sa carrière terrestre par l'hymne de mon texte : ,, Nous te rendons grâces, ô Éternel ! et nous célébrons ton nom glorieux!"

Mes Frères ! après cette prière , DAVID entonna ce cantique d'adoration , que nous a transmis l'historien sacré à la suite des paroles qui ont servi de sujet à nos méditations: ,, Que suis-je, ô mon Dieu ! et qui est mon peuple, ,, pour oser te faire des offrandes ! Tout est à toi, et nous ,, ne te donnons que ce que nous tenons de ta main. Nous ,, sommes des voyageurs ici bas, comme l'ont été nos pères. ,, Nos jours passent comme l'ombre. O Éternel ! tu sondes ,, les cœurs, et tu aimes l'intégrité. Conserve à perpétuité ,, ces dispositions de ton peuple et incline toûjours son ,, cœur vers toi. Donne à SALOMON un cœur droit , afin ,, qu'il observe tes préceptes."

Après cela DAVID dit à toute l'assemblée : ,, Bénissez ,, maintenant l'Éternel votre Dieu! Toute l'assemblée bénit ,, l'Éternel le Dieu de leur pères. Ils s'inclinèrent et se ,, prosternèrent devant l'Éternel et devant le Roi."

Chrétiens, que ces sentimens soyent toûjours les vôtres ! et j'aurai l'inexprimable consolation , de n'avoir pas montré en vain , ce qui seul fonde la prospérité de l'Empire, le bonheur de son incomparable Chef, et celui du peuple, que la Providence lui a soumis.

www.ingramcontent.com/pod-product-compliance
Lightning Source LLC
Chambersburg PA
CBHW051152050726
47594CB00007B/2862